LIVRET

EXPLICATIF

DES OUVRAGES DE PEINTURE, SCULPTURE, DESSIN, GRAVURE, ETC.

ADMIS A L'EXPOSITION

DE LA

SOCIÉTÉ DES AMIS DES ARTS

D'AVIGNON

FONDÉE EN 1875

—

1876

2me EXPOSITION

Prix : 50 centimes

AVIGNON
CHEZ LE CONCIERGE DE L'HÔTEL DE VILLE
et dans la Salle d'exposition

LIVRET

DE LA

SOCIÉTÉ DES AMIS DES ARTS

D'AVIGNON

FONDÉE EN 1875

AVIGNON

IMPRIMERIE F. SEGUIN AINÉ, RUE BOUQUERIE, 13.

LIVRET

EXPLICATIF

DES OUVRAGES DE PEINTURE, SCULPTURE, DESSIN, GRAVURE, ETC.

ADMIS A L'EXPOSITION

DE LA

SOCIÉTÉ DES AMIS DES ARTS

D'AVIGNON

FONDÉE EN 1875

—

1876

2me EXPOSITION

Prix : 50 centimes

AVIGNON

CHEZ LE CONCIERGE DE L'HÔTEL DE VILLE

et dans la Salle d'exposition

AVIS

—

L'Exposition est ouverte au public le dimanche, le lundi, le mardi, le mercredi et le jeudi, moyennant une rétribution.

Le vendredi et le samedi sont réservés aux membres titulaires et aux artistes exposants, qui doivent présenter une carte d'admission signée du Président. Chaque membre titulaire a droit à une carte d'entrée.

On devient sociétaire en souscrivant une action nominale de 50 fr. Cette action donne droit au tirage au sort des objets acquis par la Société, chaque année. On peut se faire inscrire chez M. MUGNIER, trésorier de la Société, directeur de la Banque de France.

On trouve chez le Concierge de l'Hôtel-de-Ville et dans la salle d'exposition des billets de 1 franc, lesquels participent au tirage des objets acquis par la Société à l'Exposition de cette année, concurremment avec les actions nominales.

———

L'Emposition est ouverte de 1 heure à 6 heures.

SOCIÉTÉ

DES

AMIS DES ARTS

D'AVIGNON

PRÉSIDENT D'HONNEUR

M. DE BRANCION, O. ✻ préfet de Vaucluse.

MEMBRES DE LA COMMISSION ADMINISTRATIVE.

MM. Le Comte R. DU DEMAINE, Président.
PIQUET Pierre, vice-président, fondateur de la Société.
MUGNIER, directeur de la Banque, trésorier.
DE LA BASTIDE, secrétaire.
SAGNIER Alphonse.
DELOYE.
OLIVIER Jules.
Vicomte D'ADHÉMAR.
FRANQUEBALME Henri.
BENOÎT Maurice.
ARMAND.

LISTE

DES SOUSCRIPTEURS

MM. L'ARCHEVÊQUE d'Avignon. O. ✳
AARON Adolphe,   Avignon.
ABRIC Maurice,   —
D'ADHEMAR (Vte),   —
AMIC Désiré,   —
ANDRÉ Eugène,   —
AUBANEL frères,   —
ARMAND, avoué,   —
ARMAND, sculpteur,   —
BARBEIRASSY Félix,   —
BARNEL J.-B.,   —
BEISSIER Adolphe,   —
BENOÎT Maurice,   —
BERNARD A.,   —
BERTON Amable,   —
BERTON Henri,   —
DE BLANCHETTI, (Cte)   —
BOULLE fils,   —
BONNET, notaire, l'Isle.
BOUDIN Étienne,   d'Avignon.
BOUDOY, architecte,   —
BRUYÈRE Ernest, Pont-St-Esprit.
BRUYÈRE Robert,   —
CANAPLES Charles, Marseille.

MM. Carabin Charles, Avignon.
Cartier Louis, —
De Casal Joseph, —
Caselles, trésorier-général, ✱ Avignon.
Chabaud Auguste, Avignon.
Chabert A. Montpellier.
De Chabert (B^on), Avignon.
Veuve de Chambonnet, —
Chaves Thomas, —
Clauseau Aimé, —
Clavel Théodore, le Thor.
Coste, notaire, Avignon.
Courtet Elzéar. Avignon.
Courtet Jules ✱, L'Isle.
Cousin Eugène, —
Deloye, conservateur du Musée, ✱ Avignon.
Demians Virgile, Avignon.
Digonnet Félix, —
Doncieux O. ✱ ex-Préfet de Vaucluse.
Ducommun, Avignon.
Du Demaine (Cte), maire d'Avignon.
Dufour, colonel, C. ✱ Avignon.
Du Laurens Alfred, —
Fage fils, —
De Félix Achille, —
Ferrier Henri, —
Fortunet Jules, —
Franquebalme Auguste, —
Franquebalme Henri, —
Franquebalme Léon, —
Garnier, photographe, —
Geoffroy, architecte, —
Germanes, 1er président hon., O. ✱ Avignon.
Giraud Gustave, Avignon.
Goudareau Émile, fils, —

MM. GRANIER Frédéric ✠, Avignon.
GRIVOLAS Pierre, —
DES ISNARDS Charles, ✳ —
DES ISNARDS Ellen, —
JULIAN Alfred, Sorgues.
DE LA BASTIDE Edmond, Avignon.
DE LAVALLIÈRE (Cte), ✳ —
LEENHARDT Henri, Sorgues.
LOINTIER, Avignon.
MALLET Léonard, Avignon.
MARTIN, peintre verrier, Avignon.
MAUMET Émile, Avignon.
MAUROU Henri, peintre décorateur, Avignon.
MICHEL, avoué, Avignon.
DE MILLAUDON Ernest, Avignon.
MISTRAL-BERNARD, St-Remy.
MONESTIER aîné ✳, Avignon.
MONIER, docteur, —
MONTAGNAT Auguste, —
DE MONTILLET (Cte), —
MUGNIER Jules, —
NURY Léopold, Avignon.
OLIVIER Jules, ✳ —
PALUN Auguste, —
PAUL Henri, —
PERRE Émile, —
PIQUET, dir. de l'école des Beaux-Arts, Avignon.
PLANTINET, Avignon.
PUY, notaire, —
REBOUL, architecte, Avignon.
REGNIER Victor, —
RÉNIEZ Charles, —
RIEUX, fils, —
ROQUER Théodore, Sorgues.
DE ROUSSAS (B^on), Avignon.

MM. Roux Jules, avoué, Avignon.
Sagnier Alphonse, —
Sardon Joseph, —
Sauret Charles, —
Seguin François, —
Selen Louis, —
Senne Pierre, —
Sylvestre, avocat, —
Stewens Edward, —
Thomas Joseph, —
Vallabrègue Amédée, —
Vallabrègue Jonathan, ✻ —
Valayer Louis, —
Valens-Niel, —
Verdet Ernest, —
Verdet Frédéric, ✻ —
Verdet Gabriel, ✻ —
Verdet Marcel, —
Mme Verdet Delphine, —
Villard Achille, dr médecin, Avignon.
Yvaren Prosper ✻, dr médecin, —
Fériaud Louis.
Crémieux Théodore.
Noséda fils.
Vallabrègue Joseph.

LISTE GÉNÉRALE

DES

OBJETS D'ARTS

ADMIS A L'EXPOSITION DE 1876

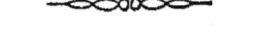

AGASSIS Joseph Marius.

Lyon, avenue de Saxe, 74.

1. A Rochecardon, près Lyon. *(Dessin au fusain)*.
2. A Rochecardon, près Lyon. *(Dessin au fusain)*.

ALLEMAND Gustave.

Lyon, Quai de la Charité, 34.

3. Bouquet de fleurs.
4. Paysage d'hiver.
5. Eau-forte, d'après le tableau d'Hobemma. *(Louvre)*.

ALMÈS Théophile, Paulin, Saint.

Capitaine au 8ᵉ Régiment de Chasseurs. — Médaillé à plusieurs expositions.

Montpellier, impasse du Chapeau-Rouge, 1.

6. Sous les saules.
7. Une flaque d'eau sous bois.
8. Chemin de la forêt de Reimes, près Valenciennes.

ANGELIN Alphonse.

Élève de Paul Delaroche. — Médaillé à plusieurs expositions.

Aix, rue Glacière, 14

9. Flore, figure.
10. Paysage, étude.

APVRIL (D') Édouard.

Élève de l'école des Beaux-Arts et de Cottavoz.

Grenoble, place de l'Étoile, 2.

11. Le Maître d'école.
12. La jeune famille.

ARLIN Joanny.

Médaillé aux expositions de Lyon.

Lyon, rue Louis Mont-chat-les-Lyon, 35.

13. Le soir. *(Environs d'Optevo)*.

ARMAND Auguste.

Avignon, rue Calade.

14. Filet d'eau.
15. Les bords de la Durance.

ARNAUD Alfred.

Avignon, rue Calade, 84, (bis).

16. Fruits d'automne. *(Nature morte)*.
17. Un coin d'atelier. Id.
18. La Vendangeuse de Capri, d'après Lehmann. *(Aquarelle)*.

BANCAL Numa.

Conservateur des expositions artistiques de l'Hérault. — Élève de Matet et de L. Cogniet. — Médaillé à plusieurs expositions.

Montpellier, rue Argenterie, 9, impasse Barnabé.

19. Départ pour les champs.
20. Aux bords de la rivière de la Mosson. *(Hérault)*.

BARBÉRIIS (de) E.

Marseille, rue Lancerie, 26.

21. Bords de l'Huveaune.
22. Amandiers fleuris.

BARNOUIN Joseph.

L'Isle, (Vaucluse).

23, Bords de la Sorgue.

BEISSIER Adolphe.

Avignon, rue Vieux-Septier, 47.

24. Bateau de pêcheur. (*Effet du matin*).
25. Effet de neige.
26. Plateau des Alpines, près Venasque.

BELLANGÉ Eugène.

Élève de Picot et d'Hippolyte Bellangé. — Médaillé à plusieurs expositions.

Paris, rue de Douai, 57.

27. Paysage à Bouville. (*Normandie*).
28. Le moulin de Sannois. (*Seine-et-Oise*).
29. Halte de zouaves. (*Lombardie*).

BÉRANGER Gustave.

Élève de Loubon. — Médaillé à plusieurs expositions.

Marseille, rue Sylvabelle, 51.

30. Le chemin, souvenirs de St-Menet.

BÉRENGIER Théophile.

Élève de Gaillard.

Marseille, cours Devilliers, 37.

31. Une nature morte, Bécasses.

BERNE Charles.

Élève de Durand.

Marseille, rue de la Providence, 17.

32. Bords du Gapeau, paysage (Provence).

BÉZERT Charles.

Avignon, rue St-Dominique, 4.

33. La Sainte Famille. (*Maquette en terre glaise*).
34. Chérubin (sujet de tombe). (Id.)
35. Sacré-Cœur. (Id.)
36. Médaillon-Portrait (plâtre).

Mlle BIDERMANN Céline.

Élève de Sublet.

Lyon, rue Terme, 25.

37. La mère de famille. Les enfants sont les plus belles fleurs. Coupe peinte sur porcelaine (grisaille rose).
38. Fleurs animées, d'après Granville. Coupe, peintures sur faïence.
39 et 40. Deux plaques ovales (grisaille rose) destinées à être montées avec girandoles.

BLANC FONTAINE Henry.

Élève de Léon Cogniet et de Jean Achard. — Médaillé à plusieurs expositions.

Grenoble, grande rue.

41. Une forteresse ruinée (Dauphiné).

Mme BOST-SIÉFERT.

Élève de Guichard.

Le Pouzin (Ardèche).

42. Les premières fleurs (éventail).

BOUISSON Émile.

Élève de Loubon.

Marseille, boulevard Gazzino, 17.

43. Au bord de l'étang de Berre (effet d'automne).

BOVERON-DESPLACES Paul.

Élève de l'école des Beaux-Arts de Lyon.

Valence, rue de l'Université, 3.

.44. Paysage (Isère).

BOZE Honoré.

Élève d'Émile Loubon. — Médaillé à plusieurs expositions.

Marseille, rue Dragon, 5.

45. Caravane traversant un gué.

BRÉMOND Félicien.

Avignon, boulevard Limbert.

46. Intérieur d'atelier.

Mlle CARTIER.

Élève de Pierre Piquet.

Avignon.

47. Tête d'étude, d'après nature (portrait au crayon).
48. Tête d'étude, d'après nature (Id.)

CASILE.

Marseille, boulevard Chave, 123.

49. Les bords de l'Arc.
50. Paysage, près St-Marcel.

CASTAN Gustave.

Élève de Calame.

Genève

51. Environs de Genève.

CAUSSE Auguste Joseph.

Montpellier, rue Delpech, 2

52. Entrée des bois de la Valette, à Montpellier.
53. Bords de Lez (matinée d'été).

CAUVIÈRE Joseph.

Élève de Charles Leduc.

Marseille, rue de la Providence, 17.

54. Poissons et coquillages (nature morte).
55. Barque surprise par un coup de vent. Côte de Sardaigne (effet de nuit).
56. Environs de Marseille. Madrague de la Ville. Château-Vert.
57. Vieux port marchand de Toulon.
58. Entrée des ports de Marseille, pointe du Pharo.

CHABRY L.

Bordeaux, rue de Tivoli, 4.

59. Les Roches de Vallière, (mer basse, effet du matin).

CHAINE Achille.

Élève de Paul Delaroche. — Médaillé à l'exposition de Nimes.

Lyon, avenue de Noailles, 54.

60. Une Flèche.

CHAIX A.

Marseille, rue de la République, 77.

61. Colline de St-Loup.

CHAMPAGNE Hippolyte.

Élève de Gendron. — Médaillé à plusieurs expositions.

Carcassonne, boulevard d'Iéna, 11.

62. Intérieur de ferme.
63. Temps de la moisson.

CHARPENTIER Félix.

Élève de Pierre Piquet et d'Armand.

Avignon.

64. Buste, d'après nature.
65. Buste de femme, d'après nature.

CHATRIAN.

Paris.

66. Le galant lansquenet.

CHAUVIER DE LÉON, Georges Ernest.

Médaillé à plusieurs expositions.

Marseille, rue St-Jacques, 39.

67. La cabane du gardien en Camargue (admis à l'exposition de Paris 1875).
68. Souvenir de chasse, crépuscule en Camargue.
69. Le fort St-Honorat, dans l'île de ce nom, près Cannes.

CLAVEL Ismaël.

Élève de Cabanel.

Nimes, rue Ruffi, 2.

70. Le Repos.

CLÉMENT Félix Auguste.

Élève de Dralling et de Picot, grand prix de Rome. — Médaillé aux expositions de Paris, Londres, Vienne, etc.

Lyon, rue de l'Annonciade, 16.

71. Italienne en prière. Une jeune mère demande à St Antoine de Padoue la guérison de son enfant.
72. Mère Italienne veillant sur son enfant endormi.

COMBES Victor.

Élève de Glaize. — Médaillé à plusieurs expositions.

Aix, rue du Louvre, 24.

73. Un sapeur blessé (campagne d'Italie 1859).
74. Aux bords de l'Arc (Aix).

COULANGE-LAUTREC, Emmanuel Henri.

Médaille d'or à Toulon.

Marseille, boulevard Boisson, 91.

75. Côte de Ste-Marguerite, le soir, près Toulon (Var).

DEYBER Léon.

Avignon.

76. A St-Nazaire. Marine.

DORLHIAC Alfred.

Élève de J. P. Alaux.

Au Bouscat près Bordeaux.

77. Un coin de prairie à Blanquefort (Gironde).
78. Au pont de l'Ermite, marais de Bruges (Gironde), étude.

DOUZIL Henri.

Élève de Charles Jalabert. — médaillé à l'exposition de Perpignan.

Nîmes, rue de la Maternité, 5.

79. Grenadinette.
80. Pastorale.
81. Le Bréviaire.

DOZE Jean Marie Melchior.

Élève de Joseph Félon et d'H^{te} Flandrin. — Médaillé à plusieurs expositions.

Nîmes, boulevard du grand Cours, 19.

82. Charité.
83. L'enfant à la perdrix.

FABRY (DE) Paul.

Tain (Drôme).

84. Les bords de la Cèze, château de Montclus (*Aquarelle*).

FAUGIER Paul.

Carpentras, Porte-Mazan.

85. Petite étude d'après nature, près le moulin des Vignes, à Carpentras.

86. Une esquisse près de Carpentras (Vaucluse).
87.   (Id.)   près de Palavas (Hérault.

FÉVRIER Léon.

Élève de Charles Node.

Montpellier, place des États du Languedoc, 2.

88. Vieux moulin de la poudrière (paysage sur carton).
89. Le marais, environs de Montpellier.

GALLARD LÉPINAY Emmanuel.

Élève de Jacquand.

D'Aulnay (Charente-Inférieure).

90. Marine. Venise.

GIRAUD Eugène.

Marseille, rue de l'Etrieu, 22.

91. Paysage (effet du matin).

GRAU Grégoire.

Élève de Regnier.

Marseille, rue Papin, 2.

92. Fontaine du Pouleguen (Bretagne).
93. Bords de l'Aven   (Id.)

GRIVOLAS Antoine.

Avignon, place de l'Horloge.

94. Fruits.

GRIVOLAS Pierre.

Avignon, place de l'Horloge.

95. Les Laveuses.

GUICHARD, Joseph Alexandre.

Élève de MM. Isaber et Durand Brager. — Médaille à plusieurs expositions.

Marseille, grand chemin des Chartreux, 51.

96. La Napoule (près Cannes).

GUINDON Marius.

Élève d'Émile Loubon. — Médaillé à plusieurs expositions.

Marseille, rue Reinard, 3.

97. Pifferraris dans la rue.
98. (Id.) comptant la recette.

GUITTON Joseph.

Marseille, au Prado, 139.

99. L'Ardèche près Thueyts (*Aquarelle*).
100. Entrée du vieux port, à Marseille (*Aquarelle*).

HAGEMANN (Godefroy de)

Élève de Palizzi.

De Naples.

101. Moutons sous bois.

ISNARD Jean Baptiste.

Élève de Gérôme.

Arles, rue St-Roch.

102. Après les offices du Dimanche (scène provençale).
103. Paysage.

KARCHER Gustave.

Lyon, avenue de Saxe, 108.

104. Vue prise dans la forêt du Neuland (Alsace).
105. Souvenir de la Bresse.

LAPLANCHE.

Professeur à Ste-Garde (Vaucluse).

106. Mendiants. Aquarelles appartenant à M. Cousin.

Mme LECOMTE-CHERPIN Alwina.

Lyon, rue Gentil, 11.

107. Fleurs de printemps.

LEBAILLY D'INGHAM.

Paris.

108. Relais de chiens.

LORAS Pierre.

Élève de l'école des Beaux-Arts de Lyon.

Lyon, quai de la Pêcherie, 4.

109. L'Aube.

LOUIS (l'Alsacien).

Élève de l'école Florentine.

Lyon, rue du Bon Pasteur, 34.

110. Un Grec sur les ruines de sa patrie (costume national).

LAYS Jean Pierre.

Élève de St-Jean. — Médaillé à plusieurs expositions.

Lyon, rue Ste-Hélène, 41.

111. Le Bien et le Mal, représenté par les bons et les mauvais fruits.

MALLET.

Theil (Ardèche).

112. Bords du Rhône.

MARSAL Édouard Antoine.

Élève de Matet et de Cabanel. — Médaillé à plusieurs expositions.

Montpellier, rue Dauphine, 14.

113. Au cabaret.
114. Coin d'un cabinet d'amateur.

MASSE Jules.

Cannes, rue d'Antibes, 20.

115. Jeune fille au pantin.

Mlle de MERTENS Fernande.

Élève d'Antoine Magaua, directeur des Beaux-Arts à Marseille.

Marseille, Boulevard Notre-Dame, 66.

116. Joueuse de mandoline.

MICHEL Henri.

Avignon, rue Bonneterie

117. Perette.
118. Tête d'étude.

MILHAU Eugène.

Élève de Boze. — Médaillé à plusieurs expositions.

Marseille, rue Peirier, 27

119. Une rue du Mont Dore (Auvergne).
120. Malijai (Basses-Alpes).
121. Un troupeau sur la colline.

MOUREN Henry.

Marseille, place de l'École de médecine, 7.

122. Troupeau dans la Crau (B.-du-Rh.).

MOUTTE Alphonse.

Élève de Meissonnier. — Médaillé à plusieurs expositions.

Marseile, rue Sylvabelle, 110.

123. Un coin à Poissy.
124. Un peu de paresse

NETTER.

Paris.

125. Sous bois.

NURY Léopold.

Avignon, rue Bonneterie, 66.

126. Vases, faïences.
127. Marine.

OLIVE Jean Baptiste.

Élève de Julien.

Marseille.

128. Le pin de St-Julien.

Mlle OLIVIER Adèle.

Élève de Pierre Piquet.

Avignon.

129. Une femme de la Bourgogne (*Dessin*),

Mlle OLIVIER Valentine.

Élève de Pierre Piquet.

Avignon.

130. Effet de neige.

PELLEGRIN-DONAT.

Élève d'Émile Loubon. — Médaillé à plusieurs expositions.

Marseille, rue Moustier, 7.

131. Un postillon.
132. Chevaux en liberté.
133. Un piqueur.

Mlle PELLEGRIN Mary.

Élève de Pellegrin-Donat.

Marseille, rue Moustier, 7.

134. Vaches dans un pré.
135. Environs de Berre.

PELOUX Ferdinand.

Médaillé à plusieurs expositions.

Nîmes, rue de l'Aspie, 6.

136. Bords du Vidourle, près Gallargues (Gard.)
137. Étude dans la plaine près Uchaud (le soir), (Gard).
138. Environs de Nîmes (le matin).

PERRACHON André.

Élève de l'école des Beaux-Arts de Lyon. — Médaillé à plusieurs expositions.

Lyon, chemin de Francheville, St-Irénée, 62.

139. Enfant écoutant le bruit d'une coquille.
140. Roses et sureaux.
141. Hommage au Christ.

PIQUET Pierre.

Directeur de l'école des Beaux-Arts.

d'Avignon.

142. Portrait de Mademoiselle C*** (*Pastel*).
143. Coup de vent. Roses.
144. Le voile de Ste Véronique.
145. Joueur de cornemuse.
146. Pampanet (*Dessin*).
147. Trévouse. Paysage. Fusain.
148. Paysages. Fusains.
148 *bis*. Napolitaine. (Aquarelle).

PONSON Luc Raphaël.

Élève de Loubon. — Médaillé à plusieurs expositions.

Marseille, rue du Théâtre Français, 3.

149. La plage des Croisettes (Marseille).
150. Rochers aux Gondes   (Id.)
151. Le château de la reine Jeanne, à Naples.

PONTHUS-CINIER Antoine.

Médaillé à plusieurs expositions.

Lyon, avenue de l'Archevêché, 1.

152. Bords de l'Ain.
153. St-Georges et Notre-Dame de la Salute (Venise).

POTTER.

Genève, rue Massot, 4.

154. Chasseur au marais.
155. Capucin (soleil couchant).
156. Paysage.

POURCHET Édouard.

Élève de St-Jean. — Médaillé à plusieurs expositions.

Lyon, avenue de Noailles, 29.

157. Géraniums. Roses. — Thés.
158. Le cacatoès (*Esquisse*).
159. Souviens-toi. (Id.)

PRADELLES Hippolyte.

Élève de Gabriel Guérin et de Gustave Brion. — Médaillé à plusieurs expositions.

Bordeaux, rue de Cheverus, 25.

160. Crépuscule dans les Landes, à Ychoux.
161. Chêne dans la vieille forêt d'Arcachon.

Mme PUYROCHE-WAGNER Élise.

Médailles à plusieurs expositions.

Lyon, chemin de Montemy, 38.

162. Groupe de pêches.
163. Le matin. Roses dans les joncs.
164. Le soir. Roses blanches au crépuscule.

Mlle PUZIN Camille.

Élève de Jules Schitz et de Louis Guy. — Médaillée à plusieurs expositions.

Lyon, cours Morand, 11.

165. Chemin sous bois.
166. La Lône, à St-Cyr-sur-Rhône.

RAVE Joanny.

Élève de Bonnefond et de Drolling.

Marseille, rue Sénac, 82.

167. Rue de village. (Le maréchal-ferrant).
168. Lapins de Garenne.
169. Paysage.

RAYNAUD Auguste.

Élève de F. A. Clément.

Lyon, rue de l'Annonciade, 16.

170. Giotto, enfant dans la campagne du Tyrol.

REBOUL Baptiste.

Élève de Chaix. — Médaillé à plusieurs expositions.

Avignon, rue des Ciseaux-d'Or, 11.

171. La Sainte-Vierge tenant l'Enfant Jésus. (*Dessin au crayon*).

REGNAULT Émile.

Élève de Pasini

Nevy-sur-Seille par Voiteur (Jura).

172. Abreuvoir près d'une mosquée, à Tanger (Maroc).

RÉROLLE Joseph.

Caronge-Genève, route de St-Julien, 570.

173. Environs de Genève (automne).

RICARD.

Avignon, impasse Oratoire.

174. Le Montagné, paysage.
175. La masure,   (Id.)
176. Chemin des amandiers, (Id.)
177. Nature morte.
178. Nature morte.

RICHAUD Joseph.

Élève de P. Delaroche.

Avignon, Place du Palais, 11.

179. Archevêque donnant sa bénédiction.

RIPERT Louis.

Avignon, rue Cardinale.

180. Environs du Chêne-Vert, paysage.
181. Environs du Chêne-Vert, (autre vue).
181. Environs du Chêne-Vert, (autre vue).

RIVOIRE François.

Élève de l'école des Beaux-Arts de Lyon.

Lyon, rue de Lyon, 30.

183. Vase de fleurs (gouache).
184. Papier de Chrysanthèmes.

ROUSSY Toussaint.

Médaillé à plusieurs expositions.

Cette, grande rue, 20.

185. Le court-bouillon, nature morte,
186. Le Raisiné.   Id.
187. L'heure du Bock.   Id.

RUFFIER Noël.

Élève de Guilbert d'Anelles.

Avignon, rue Carreterie, 117.

188. Si j'étais roi. Étude (terre glaise).
189. Joueur de mandoline, statue en pierre pour jardin.
190. Figaro (maquette, terre glaise).
191. Magdeleine au pied de la croix (maquette, terre glaise).

SAIN Paul.

Élève de Guilbert d'Anelle.

Avignon, rue Portail-Matheron, 2.

192. La campagne à Avignon (Ile de Piot).
193. Une scierie au saut du Doubs (Suisse).
194. Paysage (Ile de Piot).

SALLES Jules.

Paris, rue Blanche, 44.

195. Une offrande à Vénus.
196. Le goûter de Bébé.

Mme SALLES-WAGNER Adélaïde.

Paris, rue Blanche, 44.

197. L'Italienne au collier.

SATRAGNO Frédéric (Frère Sevoldus).

Élève de F. Samuël de Béziers. — Médaillé à plusieurs expositions.

Marseille, pensionnat des Frères, chemin St-Charles, 11.

198. Portrait de Pie IX.
199. Le repos de la jeune fille italienne (Monte Cassino).
200. Joueur de guitare (environs de Naples).

SAVINIEN, (Frère des Écoles Chrétiennes).

Écoles Chrétiennes.

Avignon, rue des Ortolans.

201. Portrait de M. d'Anselme.
202. Provençale.
203. Judith.

SERVANT André.

Élève de l'école de Lyon et de Cornu. — Médaillé à l'exposition d'Avignon.

Paris, boulevard Rochechouard, 49.

204. Femmes de Tanger devant un bazar.
205. Le farouche gardien de Boabdil (Grenade. Alhambra).

206. Un marabout portant une oriflamme sur le tombeau d'un saint. (Séville, 1394 .

SIBUET Claude.

Élève de Regnier et de St-Pierre. — Médaillé à plusieurs expositions.

Lyon, quai St-Vincent, 33.

207. Fleurs.
208. Paysage. Vue prise à Dortan (Ain).

SIMON François.

Élève d'Aubert et de Loubon. — Médaillé à plusieurs expositions.

Marseille, quai du Canal, 38.

209. Le vieux poste à feu, chèvres (environs de Marseille).
210. Coteau de Gratte-Semelle, moutons   (Id.)

SINARD Élisée.

Élève de l'École des Beaux-Arts, d'Avignon.

Avignon, rue Galante.

211. Buste d'après nature.
212. Médaillon, portrait d'après nature.

TEISSIER Edmond.

Élève d'Ernest-Michel, conservateur du Musée Fabre.

Montpellier, rue Pont-de-Lattes, 4.

213. Un bateau.
214. Pick, chien écossais.

THÉNARD Ferdinand.

Élève de Lefèbre.

Nice, rue du Temple, 2.

215. Le Nid. Vue prise dans les petits parcs à Vichy.

TRINQUIER Antonin.

Médaillé à plusieurs expositions.

Montpellier, rue de la Croix-d'Or.

216. Dans la cuisine (a figuré au Salon de 1873, Paris).
217. Roger Bontemps.
218. Intérieur de cuisine dans l'Aveyron.

VAN-WYK (Appartiennent à M. Reynard Lespinasse).

Avignon, rue des Ortolans, 4.

219. Vue prise aux environs de Mexico.
220. En mer.
221. Vue de Honfleur.

VERNET Lucien.

Élève de Guilbert d'Anelles.

Avignon, rue Balance, 35.

222. Buste d'après nature.

VIGUIER Fortuné.

Élève de Lagier et de Bonnat. — Médaillé à plusieurs expositions.

Marseille, rue des Beaux-Arts, 8.

223. Bords du Largue, à Dauphin (Basses-Alpes).
224. Printemps.
225. Souvenir d'automne.

VIONNET Charles.

Élève de Pierre Piquet.

Avignon, rue Galante, 28.

226. Portrait au crayon, d'après nature.

Mlle VOISIN-VEZU Louise.

Élève de Pierre Piquet. — Médaillée à l'exposition d'Avignon.

Lyon, quai Joinville, 2.

227. Portrait de Mademoiselle S. V***
228. Les Rameaux.
229. Fruits d'automne.

YTIER Alphonse.

Élève de Dauphin et de Durand-Brager.

Marseille, rue des Abeilles, 5.

230. Une ferme au château Duplessis (environs de Marseille).

SUPPLÉMENT

BELLEL.

Médaillé à plusieurs expositions.

Paris.

231. Chemin dans la forêt.

BRISSOT de VARVILLE.

Médaillé à plusieurs expositions.

Paris.

232. Troupeau de moutons.

CLAVEL Théodore.

Médaillé à plusieurs expositions.

d'Avignon.

233. Marchande de fruits.
234. Nature morte}

DANBY.

Angleterre.

235. Ancien port de Villeneuve (Lac de Genève).

www.ingramcontent.com/pod-product-compliance
Lightning Source LLC
Chambersburg PA
CBHW060505050426

42451CB00009B/823